Couverture inférieure manquante

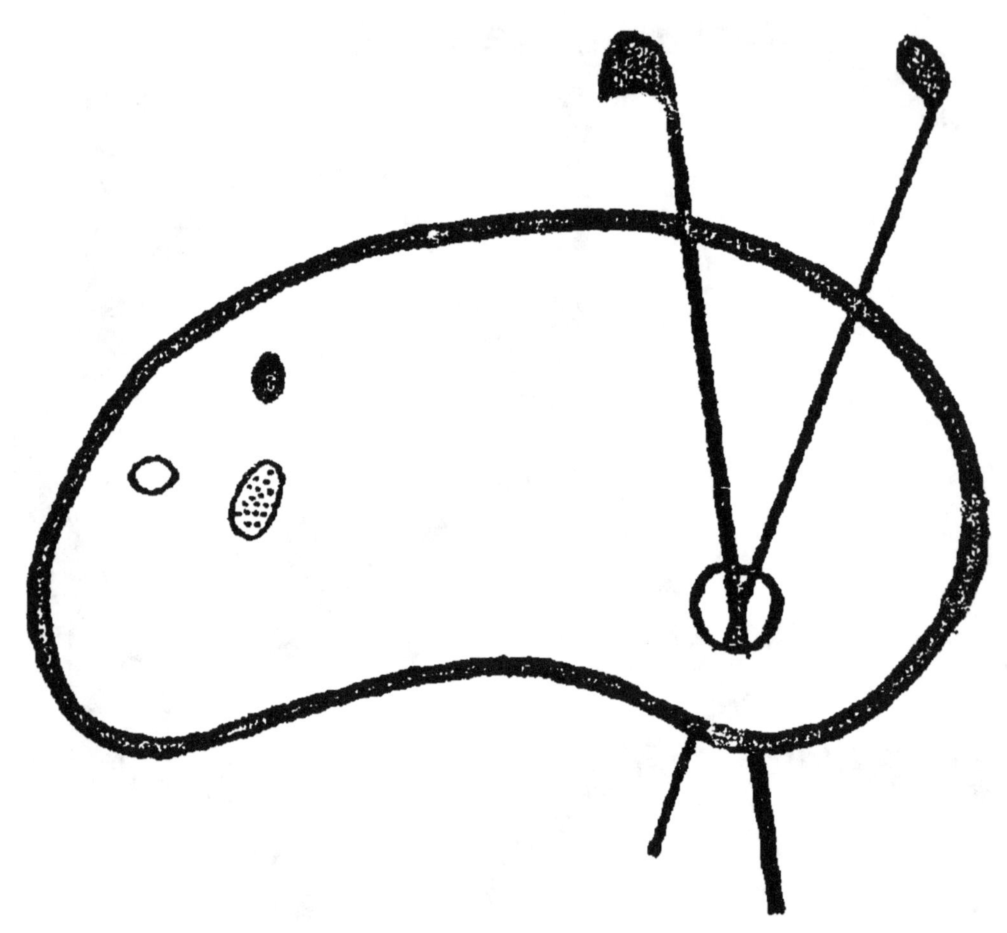

DEBUT D'UNE SERIE DE DOCUMENTS
EN COULEUR

Marcel C. de LAMAZIÈRE & Alexandre LÉTY-COURBIÈRE

L'HALLALI

MŒURS EUROPÉENNES AU MAROC

1912 — 1919

IMPRIMERIE
GUILLEMOT-DE LAMOTHE
35, Rue des Petits-Champs
PARIS

PRIX : 3,00

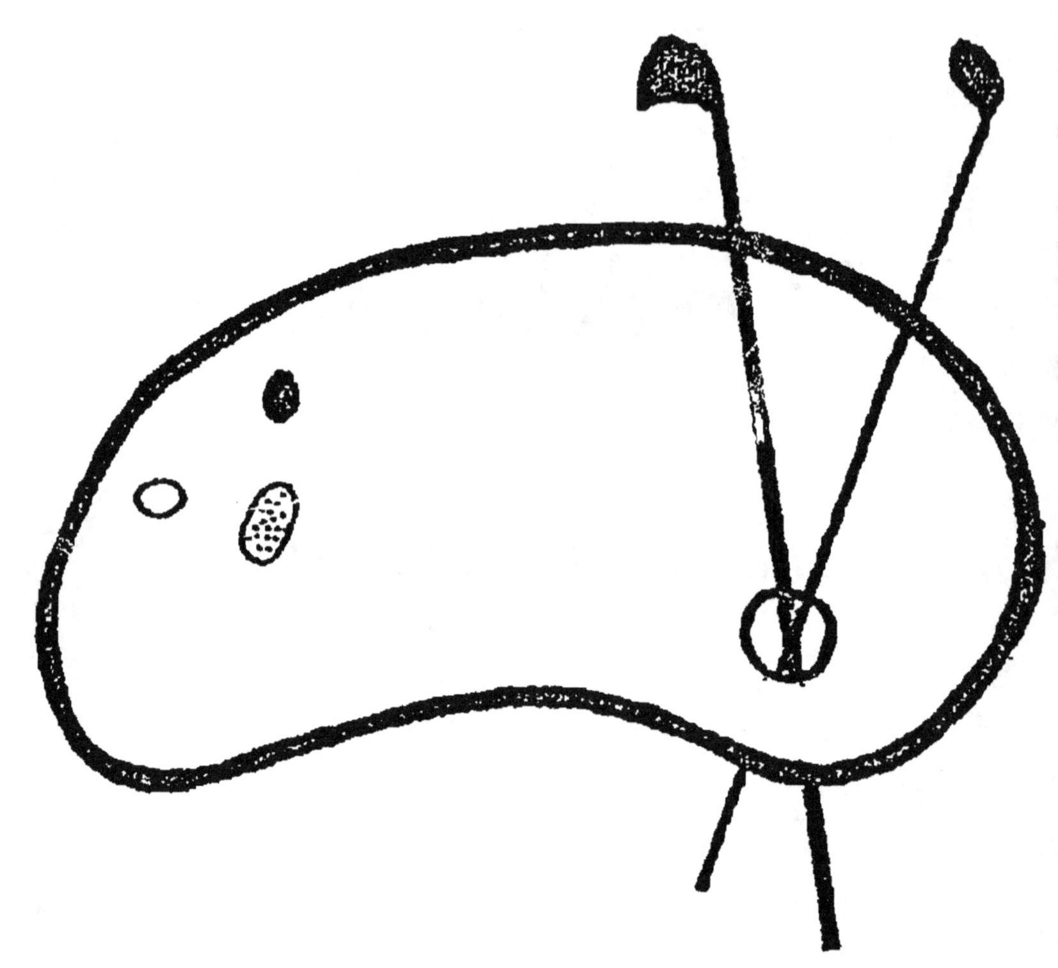

FIN D'UNE SERIE DE DOCUMENTS
EN COULEUR

Marcel C. de LAMAZIÈRE & Alexandre LÉTY-COURBIÈRE

L'HALLALI

MŒURS EUROPÉENNES
AU MAROC

1912 — 1919

IMPRIMERIE
GUILLEMOT-DE LAMOTHE
35, Rue des Petits-Champs
PARIS

PRIX : 2 FR. 75

L'HALLALI

MŒURS EUROPÉENNES
AU MAROC

1912 - 1919

A LA FRANCE ;

A SES REPRÉSENTANTS ;

AUX FRANÇAIS dont le cœur
a souffert au Maroc, et à qui ce
livre appartient, puisqu'ils l'ont
vécu.

Avis aux Lecteurs

Au moment où le règlement de comptes qui clôt le conflit de 1914-1918, tout en mettant en relief le rôle prépondérant joué par la France pendant la guerre, lui indique la voie à suivre pour le temps de paix, il nous a paru bon de publier ces lignes.

Nous sommes de ceux qui pensent que le Maroc revient à la France du droit de la nation la plus digne. Nous y avons montré les points faibles de notre colonisation : c'est qu'à notre avis une réforme y est nécessaire, pour faire de ce pays un des plus beaux de notre domaine colonial.

Il est désirable que tous les Français portent leur attention sur ce domaine : la France doit le conserver et l'accroître, si elle veut tenir dans le Monde le rang que la victoire lui assigne : le premier.

M. DE L.   A. L.-C.

Mars 1919

PRÉFACE

Ce livre n'est pas une encyclopédie des abus de pouvoir ni des dénis de justice commis au Maroc, sous le couvert de l'importation en pays barbare de la civilisation européenne. Ces actes sont trop nombreux, de natures trop diverses, pour que le récit en puisse être enfermé dans un volume. Les auteurs ont réuni leurs notes de route. Ils ont constaté — avec regret — que la qualité si française de loyauté, que le Commissaire Résident Général est fier — à bon droit — de citer comme sa devise, est au Maroc l'apanage d'une infime minorité. Ils ont signalé, chemin faisant, quelques-uns des taillis où une bande de vils profiteurs sonne l'hallali du Maroc, et que l'intérêt public commande de saper au plus vite. Le lecteur pourra en compléter la liste au gré de son expérience. Dans cette voie broussailleuse où nous marchons le fer à la main, nous ne prétendons point aux avantages de la conquête : nous tenons seulement à honneur de nous y être engagés les premiers.

AVANT-PROPOS

Abordez cent Français, de toutes classes et de toutes conditions. Interrogez-les sur le Maroc.

Soixante conviendront qu'il existe de par le monde un pays ainsi appelé, où la France a naguère établi son empire.

Une trentaine vous citeront des noms géographiques : Tanger, Casablanca, le Riff, la Moulouya, Moyen et Grand Atlas...

Les dix derniers, plus érudits, feront intervenir l'histoire, et tireront du fond de leur mémoire des faits et des dates. Ils vous parleront de l'époque romaine, de la période byzantine, des Berbères et des Maures, des Portugais, des Espagnols; ils vous montreront Guillaume II à Tanger en 1905; ils vous narreront la Conférence d'Algésiras (1906), le débarquement des Français à Casablanca (1907); ils n'auront garde d'omettre le « fameux coup d'Agadir » (1911); puis viendront les émeutes de Fez (1912); enfin, l'établissement du régime du Protectorat.

Demandez à tous ces interlocuteurs quelles sont actuellement l'organisation administrative, les ressources économiques du Maroc; comment les Européens ont conçu et réalisé la mise en valeur de cette contrée; ce que cette terre, que l'on dit si riche, peut produire, et ce qu'elle produit : aucun n'aura à ce sujet de notions claires.

La raison en est qu'en France — outre que l'on y voue un culte aux idées générales — on considère le Maroc comme une région lointaine, à laquelle seuls quelques spécialistes ont le devoir de s'intéresser, dont seuls quelques initiés ont le droit de parler.

Quiconque n'a pas affaire au Maroc — c'est le cas de l'immense majorité des Français — se juge quitte envers sa conscience quand il a lu sur le Maroc une relation de voyage, ou écouté les développements dithyrambiques d'un « conférencier distingué ».

Qui, jusqu'à présent, nous a dépeint le Maroc?

D'abord quelques historiens, des géographes et des romanciers : gens estimables entre tous, compétents et sincères, faisant autorité dans leurs domaines — différents du nôtre : la science pure et l'imagination;

ensuite, — à côté de certains journalistes indépendants, non écoutés, — une pléiade de journalistes à gages, exposant dans leurs articles des opinions « gouvernementales » ou « antigouvernementales » : on peut leur dénier toute qualité d' « instructeurs », parce qu'ils sont volontairement partiaux, et que leurs conclusions de commande ne découlent, à aucun degré, d'impressions personnelles;

en troisième lieu, des personnages officiels ou officieux, qui, au cours de « tournées » réglées dans leurs détails par un protocole jaloux, n'ont vu du Maroc que ce qu'on a bien voulu leur montrer : une contrée ici embellie, là banalisée, tantôt adoucie, tantôt rendue à dessein plus sauvage : partout et toujours, apprêtée et fausse. Malgré leur bonne foi, ces personnages ne sauraient porter sur le Maroc un jugement équitable, car il leur manque ce qui constitue la base de tout bon jugement : une exacte et précise documentation.

Cette documentation, sera-t-il permis à deux Français épris de vérité et soucieux de la gloire de leur pays de l'apporter à leurs compatriotes?

Voudra-t-on reconnaître que, pour parler raisonnablement du Maroc, point n'est besoin de représenter telle ou telle firme industrielle, tel ou tel clan politique, mais il suffit d'avoir — en plus d'une âme probe — des yeux qui voient, et de savoir s'en servir?

Les auteurs de ce livre, que les circonstances ont conduits à s'immiscer à la vie marocaine, qui ont vu le Maroc non tel qu'on le produit aux hôtes de passage (avec des bijoux et un vêtement d'apparat), mais « au naturel », n'ont-ils pas nous ne dirons pas seulement le droit, mais encore le devoir de faire part à leurs concitoyens de leurs remarques?

Ils ont pensé faire œuvre utile, en fournissant aux Français retenus dans la métropole une information aussi fidèle que possible sur ce pays original et captivant : pays neuf, mais non pas si éloigné de l'Europe que les éléments sains de la population française doivent redouter d'y venir.

Loin d'être l'objet d'un endiguement quasi systématique, l'immigration de ces éléments devrait être provoquée par tous les moyens : leur afflux seul, submergeant les éléments suspects qui jusqu'ici occupaient la première place, est susceptible de communiquer au Maroc un essor économique digne de notre protectorat.

Le Maroc, région exceptionnellement douée au point de vue agricole et minier, ayant à sa tête un homme d'élite qui l'a en majeure partie conquise et a jeté les bases de son organisation, doit être colonisé par une élite, au lieu d'être abandonné à des aventuriers qui le dépècent comme une proie.

Le danger que nous signalons, danger menaçant aujourd'hui, empirera sans cesse, si la nation française entière ne consent pas à s'intéresser à l'avenir du Maroc, si ses représentants autorisés ne prennent pas à temps les mesures d'ordre indispensables.

Les auteurs de ces pages auront atteint leur but, s'ils ont réussi à attirer sur le Maroc l'attention et l'activité des honnêtes gens, de façon que les efforts admirables déjà réalisés ou à accomplir sur cette terre féconde ne perdent pas leurs fruits.

CHAPITRE I

L'ŒUVRE ADMIRABLE

De 1912 à nos jours, s'est poursuivie au Maroc, dans le triple domaine militaire, économique et moral, une œuvre que l'on peut qualifier d'admirable.

Se souvient-on des débuts de la conquête? Lorsque le général Lyautey assuma la responsabilité de représenter la France auprès de Moulay Hafid, le Maroc presque entier était aux mains des rebelles. Il fallut au nouveau Résident une rare énergie, jointe à un sens politique aiguisé, pour briser l'insurrection générale, s'emparer de terrains jusqu'alors interdits à « l'infidèle », et gagner à notre cause des milliers de dissidents.

Fez replacée dans l'ordre, c'est Marrakech qui, après une courte incursion du madhi El Hiba, tombe définitivement sous la domination maghzen.

Au début de 1914, les colonnes Baumgarten et Gouraud, la première par l'Ouest, la seconde par l'Est, atteignent Taza, et ouvrent la première voie de communication terrestre directe entre l'Algérie et la côte Atlantique.

La guerre franco-allemande éclate : le général Lyautey va-t-il abandonner des avantages péniblement acquis? Va-t-il reculer, au moment où, sur les murs de Rabat, de Meknès, de Fez et de Marrakech — les quatre résidences chérifiennes — le drapeau tricole flotte à côté du drapeau rouge orné de l'étoile à cinq branches?

Non seulement le Résident ne cède pas un pouce du territoire occupé, mais encore, tout en envoyant en France les troupes que le Gouvernement lui demande, il se préoccupe de pousser plus avant son action.

Il repousse au Tadla trois fougueuses incursions des Zaïan; il aborde sur l'Oued Guigou les pentes imposantes du Moyen Atlas; il élargit par la soumission des Branès le couloir de Taza. Trouvant cette percée insuffisante, il effectue la liaison des deux Marocs, occidental et oriental, par-dessus les cimes du Grand Atlas.

S'en tient-il à cette activité militaire? Non pas. Le bled une fois conquis doit être mis en valeur. Il faut pour cela construire des routes qui relient l'arrière-pays aux villes de la côte, en particulier à ce Casablanca dont l'essor économique a été vraiment foudroyant. Quiconque a connu Dar-Beïda en 1907 est frappé aujourd'hui de stupeur, à la vue de ces môles, victoire tangible de l'homme sur les flots — ne fallut-il pas recommencer quatre fois les constructions emportées par les vagues? —, de ces bassins qui déjà accueillent des navires de moyen tonnage, de ces docks où s'accumulent les marchandises, de ces usines, de ces magasins qui poussent alentour des remparts, comme autour d'un tronc d'arbre une forêt de champignons.

Très vite, Casablanca est devenu le centre de l'activité physique du Maroc. De ce cœur partiront les artères qui vont porter la vie à tout le pays : routes bien établies comme celle qui relie Marrakech à Casablanca et à Rabat, puis, par Salé et Kénitra, à Meknès, à Fez; chemins de fer à voie de soixante centimètres — largeur imposée par l'acte d'Algésiras, — petits Decauville à but d'abord uniquement stratégique, mais qui, grâce à la direction d'officiers zélés et compétents, ont fourni un rendement commercial qui a dépassé toutes les espérances. Il faut voir ces vaillantes locomotives, minuscules comme des jouets d'enfants, tirer après elles de longues rames de wagons de voyageurs et de marchandises, s'élancer à toute vapeur sur les parcours en droite ligne, escalader les pentes, franchir les défilés et les ponts. Elles circulent actuellement de Dar Caïd Tounsi et d'Oued Zem à Rabat, de Salé à Fez, de Bab Merzouka à Oudjda. Elles ne sont pas très rapides, dira-t-on. Mais les convois de mulets et d' « arabas » le sont-ils davantage? Un progrès a d'ailleurs été réalisé avec les « draisines » — automotrices à essence sur rails — qui mettent un jour au lieu de deux pour parcourir la distance de Salé à Fez, et permettent d'attendre patiemment l'installation — projetée et par endroits amorcée — d'un chemin de fer à voie normale.

Là où le rail manque, où la route ne pénètre pas, le voyageur peut emprunter les pistes, presque toutes tracées par nos soldats. D'abord primitives, simples « battues » à peine différentes de celles des bêtes sauvages, ces pistes, qui constituent un réseau très complet, ont été en certains endroits aménagées avec soin et balisées, pour éviter au passant toute erreur de direction.

A droite et à gauche, on remarque — voisinant avec des terrains en friche malheureusement encore nombreux — des champs de céréales dont quelques-uns ont une assez belle apparence. Çà et là surgissent des fermes. On traverse des centres de colonisation, dont la création décèle chez celui qui l'a décidée un désir évident d'obtenir de la région un rendement maximum. Camp Boulhaut, Petitjean, par exemple, sont des tentatives intéressantes d'une mise en valeur rationnelle du sol.

Quant aux villes, elles aussi éprouvent les bienfaits de la civilisation européenne. Même celles qui portent de la façon la plus marquée le sceau islamique ont, sans trop modifier leur physionomie, profité des avantages d'une police sanitaire mieux comprise, d'une hygiène plus parfaite. Les quartiers populeux de Fez, de Marrakech, où sévissaient des épidémies terribles, ont vu, à la suite de mesures appropriées et énergiques, diminuer considérablement leur mortalité. Des infirmeries indigènes ont été installées partout; nos médecins, nos infirmières y soignent quantité de malades, hommes et femmes, enfants et adultes. C'est un plaisir de constater avec quelle confiance tous ces gens, naguère hostiles, se présentent à la consultation, réclamant les secours du « toubib » ou de la « toubiba », avec quel orgueil puéril et quelle bruyante reconnaissance ils emportent les remèdes qui, dans les cas de non-hospitalisation, leur sont dispensés.

Ce n'est pas assez de rendre aux malades la santé corporelle. Il était nécessaire de cultiver l'esprit des hommes bien portants, pour leur montrer la supériorité de la science moderne, pour leur apprendre à mieux jouir des agréments d'une existence fondée sur un labeur équitablement distribué et librement consenti. Des écoles primaires, auxquelles se sont superposés bientôt des établissements d'enseignement secondaire, ont poursuivi ce but : transformer le Marocain rêveur en homme d'action. Enfants, jeunes gens s'y habituent à parler notre langue, s'y familiarisent avec nos mœurs. On les y perfectionne dans l'exercice de métiers que leurs pères pratiquaient en se laissant guider par la routine.

Visitez l'école de Salé : vous y verrez une soixantaine de bambins tissant des nattes et travaillant le bois d'arar sous la direction de moniteurs expérimentés; de leurs mains sortent des tables incrustées de citronnier et d'ébène, des porte-plateaux, des étagères, des porte-corans à faire envie au plus habile artisan de nos grandes villes. L'art des tapis, des broderies, est savamment entretenu et encouragé dans les intérieurs marocains eux-mêmes; on fournit aux femmes indigènes la matière première, et l'on surveille leur travail, sans gêner leur initiative en ce qui concerne l'adoption du motif et l'exécution. Enfin, il n'est pas jusqu'aux études spéculatives auxquelles on n'ait tâché d'intéresser l'élite marocaine : l'Ecole supérieure d'arabe et de berbère de Rabat, où des professeurs choisis enseignent les langues arabe et berbère, l'histoire, la géographie, l'ethnographie, le droit marocains, répond à un besoin d'émancipation intellectuelle qui se manifeste avec une acuité croissante dans les riches milieux musulmans.

Conquête du sol, « ense et aratro » ; conquête des esprits : tel est le programme qui a inspiré cet ensemble d'institutions heureuses grâce auxquelles le Maroc séduit à première vue l'étranger.

Le mérite de ces institutions, l'honneur de ce programme, à qui reviennent-ils?

Tout d'abord, au général Lyautey : chef re-

marquable, homme d'Etat aussi bien que général, administrateur au même titre et avec autant
de succès que soldat; on ne sait ce qu'il faut
louer le plus en lui, l'intelligence qui a conçu ou
la volonté qui a donné le branle ; au demeurant,
savant érudit et lettré délicat.

Le général Lyautey a su s'entourer de trois ou
quatre lieutenants remarquables : leur activité
inlassable, alliée à une grande largeur de vues,
a rendu au général de précieux services dans
l'accomplissement de la tâche qu'il s'est imposée.

Et puis, le général Lyautey commande une
armée de premier ordre : soldats endurcis aux
fatigues, zouaves, tirailleurs algériens, marocains et sénégalais, légion, spahis, goumiers,
chasseurs d'Afrique; tous rivalisant de courage
et d'endurance, fournissant des marches inin-
terrompues d'une journée sous un soleil de
plomb, campant dans la brousse, sans abri et
parfois sans eau, se défendant comme des lions
contre un adversaire bien armé et toujours supérieur en nombre, l'attaquant à la baïonnette avec
la « furia francesa »; souffrant les uns et les
autres sans se plaindre, heureux de leur sort,
malgré les privations et l'isolement. Qui vous
rendra hommage, frères de l'armée marocaine?
Votre labeur est ingrat autant que pénible : vous
ne connaissez point la griserie du triomphe, vos
victoires sont modestes; cependant, vous aussi,

à chaque pas le danger vous guette; vous aussi, vous savez crânement mourir!

Vous étiez dignes, chefs éminents, troupes héroïques, de voir vos efforts, vos sacrifices, servir à une magistrale expansion de la cause française au Maroc.

Pourquoi faut-il que l'édifice que vous bâtissez avec votre génie, avec votre sang, présente des lézardes? Pourquoi la médaille frappée par votre bras offre-t-elle un revers? Pourquoi ce jardin merveilleux que vous rêviez de créer sur cette chaude terre d'Afrique, et qui ne devait produire que des roses, est-il encombré de mauvaises herbes?

CHAPITRE II

LES LÉZARDES DE L'ÉDIFICE

Il faut bien le reconnaître — dût cette constatation déplaire à plus d'un — les termes « marocain » et « parfait » ne sont pas synonymes. Nous dirons plus : si dans les débuts de l'occupation la clairvoyance du Résident Général, aidée par le zèle d'un petit nombre de lieutenants, a obtenu rapidement, dans les domaines économique et moral, des résultats dignes des plus vifs éloges, en revanche, depuis 1914, nous observons sur ces terrains un fléchissement dont les conséquences menacent de plus en plus l'équilibre de l'édifice si heureusement commencé.

Aujourd'hui que les efforts devraient être à la fois intensifiés et coordonnés, qu'aperçoit-on, lorsqu'on passe en revue les entreprises marocaines? Négligence et avarice en beaucoup d'endroits; incompétence presque partout; partout, absence de vues d'ensemble, mépris absolu du principe de l'unité d'action.

Visitez en détail les installations des colons

dont vous longez les terres. Elles se présentent ordinairement sous la forme de baraques étroites et basses perdues au milieu des champs. Rien, du dehors, ne vous révèle la demeure d'un homme de votre race. C'est l'organisation « hassani » avec toutes ses incommodités, toutes ses répugnances. Quand vous avez franchi le portail boiteux qui barre l'entrée, vous vous trouvez sur un terre-plain où vous ne reconnaissez aucun des bâtiments qu'offre d'habitude une exploitation européenne. Trois ou quatre huttes en mokkdars (briques indigènes) ou en « pisé » sont entassées là, sans souci de symétrie, encore moins d'élégance : logement du maître et des domestiques, écurie, étables, entrepôts d'outils et de grains. De la volaille apeurée vous court entre les jambes. Des porcs fouillent en grognant un tas de fumier voisin.

A l'intérieur des bâtiments, même désordre : comme ameublement, une table et quelques chaises en bois blanc, un coffre; fenêtres et portes joignent mal; un harnachement gît dans un coin de l'unique salle; la tôle ondulée laisse en hiver passer la pluie, et, l'été, concentre dans l'étroit espace une chaleur à cuire un œuf dès huit heures du matin.

Voilà l'habitacle de gens qui se vantent d'avoir été « les champions de la civilisation dans un pays barbare », où ils se sont installés voici quatre, six, ou même dix ans!

C'est à peine si, de loin en loin, on rencontre une exception honorable. Que ce soit dans les Doukkala ou dans la Chaouïa, dans le Gharb ou chez les Beni Ahsen, on cite les colons qui, ayant rompu avec les méthodes d'exploitation indigènes, possèdent une installation européenne et des instruments aratoires modernes, susceptibles de leur assurer un rendement maximum. On sait que M. B..., à S..., a acquis une charrue à disques ; on parle des tracteurs que vient de louer M. V... ; on vante le système d'irrigation adopté par M. B..., près de P...; on admire les étables et les porcheries modèles de M. A..., près de C.... Mais ce sont là des cas isolés, et ces bons colons n'ont point fait école. La majorité préfère s'en tenir aux procédés primitifs : grattage du sol avec une charrue préhistorique, ensemencement au petit bonheur, moissons à la faucille, même en terrain plat, où la faux et les faucheuses mécaniques ne risqueraient pas de se rompre ni de s'ébrécher.

Quelle est la raison de cet archaïsme outrancier, qui conduit l'individu à la privation volontaire de tout bien-être?

C'est, chez certains, une paresse innée; chez la plupart, une incompétence notoire; chez tous, une volonté d'économie mal comprise, non plus funeste à eux-mêmes qu'au pays qu'ils sont venus soi-disant mettre en valeur.

Mettre en valeur! Comment osent-ils prononcer ces mots, ces hommes qui n'ont de colons que le nom, et qui sont, principalement, des hommes d'affaires, soucieux de remplir rapidement leur escarcelle bien plus que de tirer du sol, grâce à des travaux appropriés, des profits légitimes?

Il y a deux façons d'envisager l'agriculture : le véritable agriculteur se préoccupe par-dessus tout de ses terres, il les chérit pour elles-mêmes, il sait quels produits il peut attendre de chaque sorte de terrain, il consent, pour améliorer le sol et en accroître la fécondité, à des sacrifices d'argent dont il sera récompensé plus tard; au Maroc, la plupart des colons que nous rencontrons n'ont cure de ces « contingences ».

Pour eux, la terre est un capital auquel il faut faire produire dans le délai minimum le maximum d'intérêts. Aussi se privent-ils de toute construction confortable qui grèverait inutilement leur budget; ils se refusent systématiquement à toute dépense qui tendrait à amener une plus-value à longue échéance. Il leur faut « réaliser », très vite. Comme la culture rationnelle exige une mise de fonds considérable à rendement parfois éloigné, ils s'abstiennent d'examiner logiquement, techniquement, leurs propriétés — ce qu'aussi bien leur incapacité professionnelle leur interdirait de faire. Ils aiment mieux s'en tenir à une culture primitive, voire laisser une grande partie de leurs terres en friches, et reporter tous leurs soins sur une habile succession d'achats et de ventes : revendre très cher, grâce à une réclame mensongère, une propriété achetée il y a quelques mois à bas prix (sinon accaparée par suite de manœuvres frauduleuses) et abandonnée à l'état où ils l'ont prise: tel est le succès auquel ils aspirent, tel est leur idéal. La terre est assimilée par eux à un papier-valeur. La culture fait place à des opérations de bourse. Ce courtage se nomme-t-il décemment de la colonisation?

Cet appétit grossier qui réclame un prompt assouvissement n'est pas exclusif aux colons isolés qui parsèment le territoire marocain. Semblable esprit de lucre anime les entreprises d'une plus grande envergure, les Sociétés qui, disposant de capitaux élevés, seraient capables d'accomplir un travail sérieux. Mais, de même que la plupart des colons sont avant tout des hommes d'argent, de même les Sociétés dites agricoles sont en général des Sociétés financières. Leur occupation favorite est d'acheter des étendues de terrain immenses, non pour les mettre en valeur — besogne difficile et méritoire — mais pour les revendre; elles escomptent plus de bénéfices de ce trafic que de la culture raisonnée d'étendues de terrain raisonnables.

Et ce n'est pas tout : ces indésirables, colons ou Sociétés, non contents de causer du tort autour d'eux, se liguent pour empêcher quiconque ne leur ressemble pas de s'établir dans le pays.

Il ne manque point d'honnêtes gens — en particulier des propriétaires des régions françaises envahies — qui seraient heureux de trouver au Maroc un débouché pour leurs capitaux. De ces bonnes volontés le Maroc ne pourrait que profiter. Mais le moyen, pour ces honnêtes colons, d'acquérir quelques hectares de sol cultivé ou en friche? Tout ce qui est susceptible d'être travaillé est en la possession des hommes d'affaires dont nous venons de suivre les agissements. Le nouvel arrivant est contraint de passer sous leurs fourches caudines, et de payer effroyablement cher un terrain parfois médiocre, — ou de s'en aller.

L'Etat, direz-vous, ne pourrait-il pas prendre l'affaire en mains : se rendre acquéreur du sol, le lotir, et le revendre sans bénéfices?

Des lotissements ont été décidés en quelques endroits. Mais les lots sont en général — comme à F... — beaucoup trop étendus pour pouvoir être achetés par un seul colon, surtout par un arrivant qui, ne connaissant pas la culture africaine, désire, avant de se lancer dans une grosse entreprise, tenter un essai sur une propriété réduite afin de « se mettre au courant ». Les Sociétés bénéficient exclusivement de ces mesures, lesquelles étaient destinées, dans le principe, à favoriser la culture individuelle. Et, lorsque par hasard le lotissement, comme à P..., a été délimité d'une façon intelligente, lorsque, sur la totalité des terrains à céder, il se trouve quelques parcelles d'étendue moyenne, propres à satisfaire l'activité d'un nouveau colon, on assiste à ce fait étrange : l'Administration du Protectorat trouve le moyen d'avantager les filous en leur cédant — sous prétexte de réparation de dommages — les meilleures parcelles à titre gratuit.

Combien il serait facile à l'Etat, par une réglementation appropriée, d'éteindre les convoitises exagérées, de permettre aux bonnes volontés de se manifester en réalisant au Maroc une œuvre utile à tous ! Puisque les simili-colons de l'heure présente fondent leurs spéculations éhontées sur les difficultés qu'il y a, pour beaucoup d'étendues cultivables, à prouver quel en est le légitime propriétaire, pourquoi l'Administration du Protectorat ne prendrait-elle pas l'initiative d'examiner tous les titres de propriété litigieux? Elle réglerait les différends causés par ces titres ; elle ferait immatriculer elle-même les terrains dont le propriétaire a été légalement identifié ; la liste des propriétés à vendre — superficie et nature du terrain, prix demandé, etc. — serait déposée dans tous les sièges de Contrôle civil et les Bureaux de Renseignements. Le nouveau débarqué n'aurait qu'à l'y consulter avant de fixer son choix. Il serait sûr ainsi de ne pas être trompé, quelque inexpérience qu'il eût des habitudes indigènes; d'autre part, l'indigène aurait la certitude de vendre son terrain sans perte, et de n'être point dupé par un colon trop adroit (1).

En somme, il s'agirait d'étendre à tout le sol marocain le procédé déjà en usage pour le sol « maghzen ». La colonisation progresserait ainsi sans à-coups, grâce à des transactions loyales; les intérêts particuliers, en se satisfaisant, serviraient dans la même mesure l'intérêt de tout le monde.

Mais l'organisation réfléchie ayant pour but l'intérêt général n'est-elle point une chimère au Maroc? L'exemple de l'agriculture n'est pas unique. Dans tous les domaines, c'est le triomphe de l' « inorganisation », permettant l'assouvissement des plus louches intérêts personnels.

Les travaux publics — cet autre pivot de la civilisation — ne sont-ils pas rongés par le même mal que l'agriculture? Certes, on s'occupe de construire la route et le chemin de fer de Fez à Taza : labeur d'autant plus méritoire que le pays est difficile, cerné, souvent occupé par des tribus hostiles à notre génération; mais qui peine sur ces chantiers? des soldats du génie, des indigènes recrutés et surveillés par le service du Génie. Considérez les entreprises dirigées par des gens que leur âge — sinon des complaisances coupables — a libérés de toute obligation mili-

---

(1) Mieux encore : cette liste serait communiquée, à Paris et dans les grandes villes de France, à des bureaux spéciaux dans lesquels elle serait tenue à jour et où chacun trouverait, avant de partir, tous les renseignements utiles pour une installation.

taire, et qui travaillent pour leur propre compte :
examinez l'entreprise de la route nationale des-
tinée à relier Tanger à Rabat. Cette route est d'un
intérêt vital pour l'avenir économique du Protectorat : Tanger mis à quatre ou cinq jours
de Rabat pour les convois attelés et à quelques
heures pour les automobiles, c'est le trafic commercial considérablement accru entre le Maroc
et l'Europe par l'Espagne, c'est le courant de pas-
sagers triplé entre l'Europe et l'Amérique du Sud
par le Maroc. La construction de cette voie de
communication capitale a été livrée par adjudication à des entreprises civiles. C'est le procédé qui avait été adopté pour la route de Casablanca à Marrakech. Mais alors que, pour cette
dernière, on a vu en pleine guerre un tronçon
de quatre-vingt-sept kilomètres, confié à M. G...,
terminé dans l'espace de dix mois, travaux d'art
compris, il en va tout autrement entre Tanger
et Rabat. Ici, le cahier des charges stipule pourtant des délais très courts. Il n'importe. Actuellement, ces délais ont été prorogés, et la route
n'est pas construite sur un tiers de sa longueur.
L'entrepreneur chargé de la principale section,
au nord de K..., ayant allégué pour excuser la
lenteur de ses travaux qu'il manquait de matériel, l'Administration du Protectorat lui a alloué
une subvention supplémentaire de plusieurs centaines de milliers de francs, et a mis à sa dispo-
sition du matériel — rails et wagonnets — em-

prunté au Génie militaire. Cette libéralité est restée sans effet.

L'entrepreneur passe son temps à rouler en automobile de Kenitra à Casablanca, et, pendant qu'il se ravitaille en boissons fraîches sur les terrasses de « l'Alhambra », de l' « Excelsior » et du « Roi de la Bière », les contribuables attendent qu'une intervention miraculeuse veuille bien terminer la route qui leur permettra de se ravitailler, eux, et de ravitailler le pays en denrées de première nécessité.

L'Administration se laisse-t-elle donc berner ? demandera-t-on. Est-elle aveugle, ou indulgente ? Avant d'être dupe, elle est complice : il n'échappera point, même à des esprits non avertis, que si elle tolère chez ceux qu'elle emploie un pareil sans-gêne vis-à-vis de leurs engagements, si elle permet à des entrepreneurs de frustrer doublement le contribuable en se faisant payer largement pour des travaux qu'ils n'ont garde d'effectuer, il y a à cette « indulgence » une raison de haute politique. Cette raison, n'allez pas la chercher bien loin. La route Rabat-Tanger, qui favorisera l'expansion de Tanger, excite la jalousie de certains gros commerçants et industriels de Casablanca. Ces gens, dans leur égoïsme, considèrent que tout argent qui va à d'autres qu'eux est volé dans leur caisse ; ils ne se rendent pas compte que Tanger peut prospérer à côté de Casablanca, sans gêner Casablanca d'aucune sorte; que, de même qu'il y a pour tous les travailleurs place au soleil, il y a place au Maroc pour deux ports importants. Aussi, après avoir favorisé de tout leur pouvoir la construction de la route Marrakech-Casablanca qui servait leurs intérêts en facilitant l'écoulement vers Casablanca des marchandises de l'arrière-pays, s'efforcent-ils de ralentir les travaux de la route Tanger-Rabat, route aussi importante que la première pour l'expansion économique du Maroc, mais nuisible — croient-ils — à leurs intérêts personnels.

Au reste, est-il besoin de raisons « politiques » pour expliquer l'attitude de l'Administration du Protectorat vis-à-vis de ce même entrepreneur, en ce qui concerne le régime du bac de S..., sur l'Oued Sebou ? Ce monsieur, concessionnaire du bac, est le seul à toucher les bénéfices du péage. En revanche, lorsque le bac est détérioré, le concessionnaire n'est nullement responsable ; il requiert, pour réparer les dégâts, des soldats, du matériel militaire. Heureuse situation que celle qui consiste à vivre doublement aux frais des contribuables, qui vous entretiennent en tant que particuliers et sous les espèces de l'Etat !

Si l'Administration fait preuve de tant de mansuétude vis-à-vis de gens qui n'en sont guère dignes, elle défavorise — ceci est une conséquence logique de ce qui précède — les entrepreneurs consciencieux. M. V..., de R..., a, dépuis plusieurs semaines, terminé le tronçon de la route de R... à M... (tronçon R...-K...) de la construction duquel il s'est chargé. L'empierrement est achevé. M. V... demande à la Direction des Travaux publics de lui envoyer un représentant chargé de recevoir les travaux. M. V... attend plusieurs mois. Pendant tout ce temps, ses rouleaux sont immobilisés pour réparer les dommages causés par le mauvais temps, ses ouvriers sont obligés de veiller à ce que les tas de pierres disposés sur les bords de la route demeurent intacts. Surcroît de dépenses inutiles, empêchement de travailler ailleurs. Parfait exemple de prévoyance de l'Administration marocaine.

L'Administration pouvait s'étonner, il est vrai, que les travaux de M. V... eussent été menés à bien aussi promptement. Ses agents ne l'ont pas habituée à une telle diligence. Comme ils touchent dans le bled des indemnités spéciales et que leurs dépenses y sont presque nulles, ils ont intérêt à prolonger la durée de leur ouvrage. Là est — bien plus que dans la torpeur du climat — le secret de ce laisser-aller, qui, au Maroc, caractérise les entreprises publiques. « Bellati! » : ce mot marocain — qui signifie « doucement! » — paraît être, dans ce pays, le mot d'ordre. Vous récriez-vous devant le peu de hâte qu'on y met à résoudre les questions les plus importantes, à exécuter les travaux les plus urgents? On vous répond en vous citant le proverbe espagnol : *Cosas de palacio van despacio!* (les affaires de palais ne vont pas vite !) En réalité, il est tellement commode et agréable, alors que l'on agit sans contrôle, de traîner en longueur des travaux qui vous rapportent d'autant plus qu'ils durent plus longtemps!

Lenteur n'est pas tout. L'insouciance du bien général produit d'autres inconvénients non moins regrettables. C'est ainsi que l'on voit des routes nouvelles passer à plusieurs kilomètres des postes qu'elles sont, en principe, destinées à desservir. C'est le cas pour la route de Tanger à Rabat : à l'endroit où elle pénètre en zone d'influence française, elle laisse loin à l'écart et au-dessus d'elle le poste de A..., le premier poste sur lequel flotte le drapeau tricolore !

Elle n'a en cela rien à envier au chemin de fer de Tanger à Fez, qui traverse les mêmes parages. La voie ferrée aurait pu aisément emprunter le plateau sur lequel est assis le poste-frontière de A... ; elle aurait couru très naturellement dans sa direction Sud-Nord ; le percement d'un tunnel de 150 à 200 mètres était le seul travail indispensable ; la gare de A... se serait trouvée à proximité du poste. On a préféré contourner le plateau à mi-pente, faire décrire à la ligne, qui restera constamment sans horizon, un gigantesque fer à cheval, lui faire enjamber de nombreux vallonnements, ce qui nécessitera la construction d'une

douzaine de ponceaux et d'un remblai très volu
mineux ; la gare de A... se blottira dans un repl
de terrain à un kilomètre du village, derrière ur
mamelon masquant complètement la vue. Et l'or
veut faire de A..., — un écriteau officiel l'atteste
— un « centre de colonisation et de tourisme »

Il semblerait que le développement d'un te
centre doive être favorisé par la constructior
d'une route qui traverse l'agglomération future
d'une voie ferrée qui permette la manipulatior
facile des marchandises et le transport rapid
et confortable des voyageurs; quant à la gare, i
siérait qu'elle soit bâtie en un site pittoresque, d
façon à engager le voyageur indécis à s'arrête
pour jouir plus à l'aise du splendide panorama
Les différents services administratifs du Maroc
Direction de l'agriculture, Office économique
Direction des Ponts et Chaussées, Direction de
chemins de fer, eussent dû associer leurs effort
pour accumuler à A... agréments et avantages
Une semblable collaboration était logique: toute
ces administrations ne travaillent-elles pas pou
la même cause : l'expansion au Maroc de la civi
lisation française ? Dédaignant cette union fé
conde, chacune d'elles semble avoir pris à tâch
de nuire à sa façon à la future ville-frontière
celle qui — sauf modifications territoriales sou
haitables — peut être considérée comme devan
servir d'avant-garde au Maroc français en face d
Maroc espagnol... On dirait que chacune a crain

ar-dessus tout d'aller dans le même sens que la
oisine. Le comble de la distinction semble
voir résidé pour elles dans une jalouse origina-
té : avoir des plans à soi, ne point les améliorer
même si l'utilité publique l'exige, telle fut —
elle est toujours — leur devise. Inertie par indif-
érence — ou par intérêt : les travaux d'art étant
our l'entrepreneur une source de gros bénéfices,
'y a-t-il pas avantage à les multiplier ?

Sous l'égide administrative, on voit donc, au
Maroc, les malhonnêtes gens prospérer, tandis
ue les honnêtes gens piétinent.

Pourquoi les privilégiés se gêneraient-ils pour
rofiter de la situation qui leur est faite, puisque
'injustice est, dans tous les domaines, érigée
n système au Maroc ?

Doit-on, par exemple, ravitailler la France en
œufs marocains ? Il semblerait logique de sou-
mettre ce ravitaillement à l'adjudication, d'avi-
er tous les commerçants du pays, et de confier
'affaire à celui qui offrira officiellement le meil-
eur prix. On aime mieux avertir en secret quelques courtiers bien en cour, et accorder à l'un
'eux — nous n'insisterons pas sur les motifs
u choix — le monopole. Un commerçant, à
'exclusion de tous les autres, se voit concéder
e droit d'exporter des œufs hors des limites du
Protectorat, à la seule condition de ne jamais
aisser manquer les marchés de la côte marocaine

de l'aliment précieux. Or, plusieurs mois après la concession de ce monopole, alors que le préféré a eu tout loisir de prendre les dispositions utiles, le ravitaillement en œufs des villes de la côte marocaine est à ce point défectueux que les journaux s'émeuvent. A R..., en juillet 1918, chaque ménagère ne peut acheter que six œufs à la fois; encore est-elle contrainte de se présenter à la distribution à six heures du matin. Elle ne paye, il est vrai, les œufs qu'à raison de o fr. 20 la pièce. Le fournisseur a plus d'avantage à envoyer sa marchandise en France, où la disette lui permet de réaliser d'énormes bénéfices. Il spécule sur le malheur des Français de la métropole ; il foule aux pieds le contrat qu'il a passé avec le gouvernement chérifien. Qui est le plus coupable, de lui ou des gouvernants qui se laissent voler, disons mieux, qui laissent voler les contribuables ?

Le monopole de l'exportation des œufs n'est pas une exception. Semblable privilège a été accordé pour l'exportation des laines et des peaux à un homme, très aimable peut-être, mais qui, venu au Maroc comme mobilisé, — il avait environ trente ans, — a eu la seule peine, pendant que d'autres se battaient dans le bled, d'empocher plusieurs centaines de milliers de francs de bénéfices par année de séjour dans la capitale.

Pour les mines, la question paraissait avoir été réglée en 1914 avec quelque impartialité. En

ttendant l'institution d'un régime spécial des
mines, — ce régime date d'avril 1918, — il avait
té décrété que l'on n'accorderait à personne le
droit de prospection ni de propriété minière.
Prescriptions sages — pour cette raison non ob-
ervées : deux dahirs — décrets signés du Sultan
— reconnaissaient bientôt à deux Sociétés puis-
antes le droit de prospection sur trois cent mille
ectares de terre, en particulier, dans les riches
ontrées du Gharb et des Beni-Ahsen. L'une de
es Sociétés était même, — ô dérision ! — « ré-
uisitionnée ». On pense avoir ainsi sauvé les
pparences. On prétend que les Sociétés aideront
à ravitailler le Maroc en pétrole, pendant la
guerre. C'est une façon aimable de berner le
monde. Chacun sait que les entreprises pétroli-
ères sont hasardeuses ; que, lorsqu'elles réus-
issent, elles ne peuvent pas fournir un rendement utile avant huit ou dix années de labeur.
Mais les deux Sociétés privilégiées comptent
parmi leurs membres des hommes politiques
influents. A quel mensonge ne recourrait-on pas
pour plaire à de hauts personnages, voire au
mépris de la justice et des lois ?

Il faut ajouter que, pendant ces quatre der-
nières années, si la prospection était interdite,
on enregistrait les déclarations des gens qui
royaient avoir trouvé des indices intéressants.
« Revenez plus tard, disait-on aux déclarants,
quand l'exploitation sera permise ; à ce moment,

on vous délivrera l'autorisation de tirer parti de votre découverte ». Les intéressés peuvent « revenir ». — « Nous regrettons, leur sera-t-il invariáblement répondu. Nous venons d'être saisis d'une demande d'autorisation identique à la vôtre pour la mine dont vous nous parlez. Force nous a été d'accueillir favorablement cette demande. Vous auriez dû vous adresser à nous plus tôt. »

Il est si facile de leurrer le public, à l'aide de ces hochets merveilleux que sont les dahirs! Une loi française gêne-t-elle ? On la tourne par un dahir. Un dahir devient-il encombrant ? On l'annule et on le remplace par un autre. A-t-on avantage à proroger la validité d'un dahir, malgré les promesses qu'on a faites du contraire ? On élabore un dahir nouveau, analogue au premier, et remplissant le même office. C'est ce qui s'est produit pour la consommation de l'alcool. Les réclamations des débitants réussirent, huit jours avant le délai fixé, à faire prolonger de trois mois la validité du dahir levant temporairement l'interdiction de cette consommation.

Les dahirs, portant le cachet du Sultan du Maroc, devraient être valables pour tout le territoire marocain, zone d'influence française et zone d'influence espagnole. Pourquoi, dans ces conditions, empêche-t-on les indigènes d'une zone de commercer librement dans l'autre ? Pourquoi les malheureux Marocains qui, habitant un douar français voisin d'un important marché espagnol, transportent sur ce marché du sucre, du blé, pour les vendre, se voient-ils confisquer leurs marchandises par les autorités françaises et mettre en prison pour un temps illimité ?

Raisons de guerre, dira-t-on. Motif très juste. Mais pourquoi, lorsque blé et sucre sont transportés et vendus pour le compte de certains colons européens, n'y a-t-il plus confiscation ? On aboutit à ce scandale : on dit ouvertement, dans la ville espagnole de A..., — nous tenons cette nouvelle d'officiers espagnols en garnison dans la ville, — que si les autorités militaires françaises y laissent apporter en contrebande des marchandises prohibées, c'est qu'elles sont intéressées à ce commerce illicite. Voilà le résultat flatteur de notre politique.

A tous les échelons de la hiérarchie : désintéressement absolu du bien général; égoïsme, déguisé ou cynique; amour exclusif du gain, conduisant au mépris de l'équité et de la morale; favoritisme scandaleux : tel est, en résumé, le régime du Maroc.

Le beau plan primitif d'action nationale et civilisatrice a été rapidement perdu de vue ; il s'est estompé sous une frondaison de vices, ambitions démesurées, sombres compromissions, vilenies hideuses, qui l'ont progressivement recouvert et rendu méconnaissable. On n'aperçoit plus aujourd'hui qu'une vaste et épaisse forêt — véritable forêt de Bondy —, au sein de laquelle des bandes de malfaiteurs se ruent à une ignoble curée.

Comment s'étonner de leurs crimes, lorsqu'on connaît leurs personnes, leurs mœurs, leur idéal, leur passé ?

CHAPITRE III

LES BANDITS

Lorsque, en 1918, à la suite de Comices agricoles, on voulut proposer pour la décoration du Ouissam alaouite une quinzaine de colons de la Chaouïa, des Doukhala, du Gharb, on dut examiner leur casier judiciaire. O stupeur ! Treize d'entre eux, du coup, se trouvèrent, pour condamnations diverses, éliminés.

Ce fait, symptomatique, ne surprendra point quiconque connaît le Maroc autrement que par des discours d'exposition ou à travers les écrits de gens intéressés à l'embellir.

N'est-elle point fréquente, cette histoire ? Un colon vient se plaindre aux autorités que des indigènes lui ont volé ses bœufs : on l'indemnise, en lui versant, pour compenser la perte de ses bêtes, une somme supérieure à leur réelle valeur. Au bout de quelques semaines, par un heureux hasard — dont le colon oublie de rendre compte —, les bœufs volés se retrouvent. Façon commode — sinon honnête — d'augmenter son cheptel.

On appelle cela, au Maroc, « faire des affaires ». Cette formule englobe des procédés très divers, mais tous inspirés du même esprit.

Pendant la crise de l'essence, en septembre 1918, un cultivateur de l'intérieur eut le front de faire signer à un de ses amis, à qui la nécessité d'un voyage urgent s'imposait, un billet ainsi conçu : « Je m'engage à fournir, avant huit jours, à M. X..., un bidon d'essence de la capacité de celui que M. X... me prête aujourd'hui (une dizaine de litres), ou à lui verser, en guise de dédommagement, la somme de deux cent cinquante francs. » L'intéressé savait qu'il était impossible au signataire de se procurer un autre bidon d'essence dans le délai de huit jours. Ce fut pour lui une excellente « affaire », que de profiter de l'embarras où se trouvait momentanément un ami !

Le souci des affaires excuse toutes les vilenies : la correspondance, officielle ou privée, ne saurait conserver de secrets pour des gens pressés de s'enrichir par tous les moyens, peu enclins à s'embarrasser de scrupules, et généreux en pourboires.

Il est d'autres secrets que ceux de la correspondance : ceux-là, tout aussi bien, on sait, à l'occasion, les faire servir à ses intérêts. Un commerçant — venu de Tunisie au Maroc après faillite — fait partie, à C..., de la Commission de tarification du bétail. Un jour, cette Commission décrète que, passé le délai d'une quinzaine, le prix de vente du porc au détail sera augmenté de o fr. 75 par kilo. Le commerçant met aussitôt tous les courtiers en campagne, achète à bourse ouverte à un prix supérieur au cours, passe avec les éleveurs des contrats concernant des animaux livrables plusieurs mois plus tard ; ces opérations d'une probité douteuse lui procurent, en une demi-année, le coquet bénéfice de six cent mille francs.

Autre forme d'indélicatesse : véritable chantage. M. Z..., type de cette race de simili-colons dont nous avons précédemment admiré les mérites, nourrit l'ambition d'être seul chargé du ravitaillement en viande de boucherie d'un poste de l'avant. Il voudrait gagner à sa cause un sous-lieutenant, suppléant légal du sous-intendant militaire dans ledit poste, et chargé, par suite de ces fonctions, des achats de viande. Il fait inviter l'officier à déjeuner chez un caïd de la circonscription; après le repas, on débouche quelques bouteilles d'Asti Spumante, que M. Z... a rapportées du village voisin. Le sous-lieutenant ayant trouvé auprès d'un autre colon des conditions plus avantageuses pour les deniers de l'armée, ne se croit pas obligé de payer de la réprobation de sa conscience le festin auquel il a été convié. Il accorde sa clientèle au second colon. Fureur de M. Z..., qui va partout criant qu'il est lésé; bien mieux, voyant qu'il n'attire pas suffisamment sur lui l'attention, M. Z... raconte que le sous-lieutenant l'a invité chez le caïd pour lui proposer, à l'occasion du ravitaillement de son poste, un marché qui aurait rapporté à l'un et à l'autre d'appréciables bénéfices... Il fallut à l'officier une patience exemplaire pour lui permettre d'attendre les résultats d'une enquête ; il en sortit lavé de tout soupçon; mais M. Z... ne reçut pas le châtiment de ses diffamations.

Or, c'est ce même M. Z... qui, désigné trois ans plus tôt (la précédente histoire date du premier trimestre de 1918), pour ravitailler en bœufs et en fourrages une petite colonne mobile, livra à nos troupes une viande telle que nos soldats ne purent en manger sans être malades, et un fourrage qui eut cette vertu merveilleuse de faire maigrir les attelages au moment où ils avaient à fournir le plus gros effort.

Après le chantage, après le vol dissimulé et encore honteux, c'est le brigandage organisé et cynique. Un honnête colon, M. D..., installé à S... (il se trouve quelques colons honnêtes au Maroc, mais ils sont bien malheureux, cette anecdote, que nous a contée M. D... lui-même, le prouve), se propose de vendre un cheval lui appartenant; il le fait conduire au marché de S... ; il en demande quinze cents francs. M. Z... (toujours le même), l'aborde :

— Voulez-vous huit cents francs de votre animal ?

— Je ne puis, répond M. D...; vous savez que j'en désire presque le double; la bête le vaut.

M. Z... le sait bien, parbleu ! et c'est pourquoi il insiste :

— Voulez-vous huit cents francs ?

— Permettez, continue M. D.... Le marché s'ouvre à peine. Je vais voir si je peux vendre à meilleur compte. Au cas contraire, nous nous arrangerons.

— Voulez-vous huit cents francs ? Une fois... deux fois... trois fois...

Sur une réponse négative de M. D..., M. Z... fait demi-tour avec un air superbe de dignité offensée. On l'entend héler un indigène, auquel il donne quelques ordres à voix basse. Plus tard, quand des acheteurs se présentent et demandent à M. D... de produire devant eux le cheval aux différentes allures, ou de le leur laisser monter pour essai, M. D... ne trouve sur le marché personne pour conduire l'animal; aucun marchand ne consent — bien qu'il soit très connu dans le pays — à lui prêter pour quelques instants un « barda ». M. D... doit faire ramener son cheval à son écurie. Aux marchés suivants, il compte avoir plus de chance. Mais aucun acheteur, cette fois, ne se présente à lui. A la fin, lassé d'attendre et sûr que sa patience sera vaine, il cède son cheval à M. Z... au prix offert : huit cents francs.

Comment les honnêtes gens disséminés au Maroc résisteraient-ils avec succès aux atteintes

de ces malfaiteurs ? Outre que ces forbans constituent de véritables bandes, dont les membres
s'entendent parfaitement à dépouiller autrui,
n'ont-ils point l'appui des pouvoirs publics ?

Il semble que toutes les mesures prises, en matière agricole notamment, aient eu pour but l'en-
couragement au mensonge et au vol. Si tel n'était
pas le but visé, tel est du moins le résultat de
l'application pratique. Les trop fameuses
« primes à la culture européenne », « primes de
défrichement », « primes de célérité », ont été
le prétexte des plus honteuses spéculations. On
n'a jamais vérifié l'origine des céréales produites
par certains colons. On ne leur a point demandé
si les formidables quantités de grains qu'ils pré-
tendaient avoir récoltées sur leurs terres, grâce à
une culture perfectionnée, et pour lesquelles ils
réclamaient le versement de primes, n'avaient
pas été tout simplement achetées en gros, à bas
prix, à des indigènes... Du système des « primes
à la culture intensive » seuls des accapareurs de
grande envergure peuvent profiter, à l'exclusion
des colons véritables. Et l'on aboutit à ce
paradoxe (qui est une vérité banale au Maroc) :
on voit l'Administration verser à un cultivateur
qui a trimé sur ses terres toute l'année, à un commandant de goum qui s'est efforcé d'obtenir de
ses hommes un travail utile, trente-trois francs par
quintal métrique de blé; elle en paye dix-huit de

plus à un homme d'affaires véreux qui a raflé le blé d'une région, et présente sa livraison comme la récolte de ses propriétés — inexistantes ! La vérification serait facile, pourtant. Un colon de C..., ayant défriché un terrain à l'aide de deux cents bœufs (prêtés par l'Administration), récolte sur ce terrain du blé. Ce blé — comme tout blé qui se respecte — produit du grain et de la paille à poids à peu près égaux. Le colon vend trois mille cinq cents quintaux de paille venant de chez lui ; il en vend dix mille autres qu'il a achetés à droite et à gauche ; il s'était engagé à en fournir davantage ; pour la quantité restante, il se trouve en procès avec ses clients. Cela ne l'empêche pas de vendre à l'Administration soixante-quinze mille quintaux de grains « de sa production », et de toucher, cette année-là, pour sa célérité, des primes dont le montant s'élève à un million deux cent quarante mille francs.

Cette sorte d'approbation officielle explique l'attitude arrogante, la confiance en soi qu'arborent ces laids personnages. Toute pudeur est bannie de leur âme. Ont-ils trempé dans une louche affaire, et craignent-ils d'avoir des démêlés avec la justice ? Des influences mystérieuses aplanissent tous les obstacles sous leurs pas. Conçoivent-ils quelque projet machiavélique ? Ils sont assurés de la réussite. Recourent-ils, pour se procurer l'avantage dans un débat, à de grossiers mensonges ? On feint de ne pas s'en apercevoir, pour n'être pas empêché de leur donner raison.

Cette complicité s'exerce à tous les échelons de la hiérarchie.

Un agriculteur ayant refusé de rétribuer des Marocains qu'il a employés chez lui à la fenaison, ces gens viennent apporter leurs doléances au Bureau de Renseignements voisin. Le capitaine chef de bureau, homme loyal et bon, et son lieutenant-adjoint, sont en tournée. Un employé assimilé au grade d'officier, ami intime de l'agriculteur, se trouve seul présent. Les travailleurs n'ont pas le temps d'arriver jusqu'à lui. Ils ont à peine pénétré dans le jardin du bureau qu'une grêle de coups de matraque, distribués généreusement par les « mokhaznis » aux ordres de l'assimilé — déjà averti —, les met en fuite et les oblige à regagner leurs tentes, la bourse vide et le dos meurtri.

L'agriculteur vient-il au Bureau entretenir le même employé de ses affaires ? Il est accueilli à bras ouverts. Il expose un jour qu'un Marocain, mort récemment dans un douar proche, lui devait quatre cents douros (deux mille francs). Un reçu ? Il n'en possède point. Mais quelques indigènes loqueteux, ramassés sur le chemin, vont lui servir de témoins. L'employé n'ignore pas que le droit musulman n'admet point en matière de succession la preuve testimoniale. Qu'importe? Il est aisé de biaiser avec la légalité, lorsqu'on juge seul et sans appel. Les héritiers du défunt sont condamnés à verser au plaignant les quatre cents douros dont leur parent n'était point débiteur.

En plus haut lieu, notre homme rencontre semblable accueil, est l'objet d'une égale bienveillance. Comme il a reçu du sous-intendant militaire (lequel la lui a confiée directement, sans procéder à la mise en adjudication réglementaire) la fourniture en fourrage du poste de A..., il s'arroge le droit d'inspecter les réserves du poste ; il se heurte à un sergent d'administration — ex-sergent d'infanterie grièvement blessé sur le front de France — qui, intransigeant sur la consigne, lui interdit l'entrée de son magasin. Il ne s'embarrasse pas pour si peu. Il écrit au sous-intendant militaire; il accuse le sergent de manœuvres frauduleuses. Et ce loyal serviteur, muté d'office, doit quitter A... avec sa famille; son successeur, naturellement moins rigide, laissera l'importun maître de la place, et lui permettra d'y faire danser à sa guise les deniers de l'Etat.

Ce tyran, en excellent colon marocain qu'il est, est resté fort longtemps sans employer de machines agricoles à moteur. Vous vous trompez, nous diront certains. N'a-t-il pas obtenu, depuis de nombreux mois, du Commandant de la Subdivision, deux soldats — mécaniciens de profession — destinés à l'aider à faire fonctionner ses machines ? Sans doute, mais de ces deux soldats, l'un est un mécanicien fantôme : on ne le voit jamais, nul ne sait où il réside ; quant à l'autre, son unique travail consiste à piloter l'automobile du propriétaire ; ce dernier peut ainsi user l'essence que le même Commandant de Subdivision lui a octroyée à l'exclusion d'autres colons plus dignes, et passer en contrebande, en zone étrangère, le sucre que lui seul, ou presque seul, dans la région, a l'autorisation d'acheter à l'Intendance « à l'effet de ravitailler les indigènes et les Européens de la circonscription ».

Comment s'étonnerait-on de cette indulgence coupable ? En haut comme en bas, n'observons-nous pas les mêmes qualités morales — ou plutôt la même absence de moralité ?

On apporte, un soir, au Bureau des Renseignements de A..., environ quatre cents toisons qui viennent d'être saisies à des indigènes arrêtés au moment où ils passaient sur la zone voisine. Ces toisons sont déposées au magasin. Régulièrement, elles devront être vendues aux enchères par le chef de bureau, pour le compte de l'Administration des Domaines. Mais, le lendemain matin, le magasin est vide. Un agent du bureau a fait enlever subrepticement les toisons par son ordonnance, aidé de deux ou trois mokhaznis ; un ami, qui possède une ferme dans le voisinage, les fera prendre le soir suivant par ses gens, et les emportera, pour les vendre, en zone étrangère. Comme le prix de la toison y est de dix francs au lieu de cinq francs, le bénéfice — en admettant que cinq francs par toison soient versés au bureau — sera de deux mille francs : un billet de mille pour chacun des deux compères.

N'est-ce pas une chose touchante que cette mutuelle sollicitude chez ces gens qui, par leur situation, sont les maîtres du pays ?

Une notabilité de K..., ayant hébergé pendant quelques jours l'agent aux toisons, ainsi que sa famille, celui-ci lui envoie de temps en temps, en guise de remerciement, des charges de légumes, de fruits. Les achète-t-il ? Non pas : il emploie un procédé plus simple. Il se les fait offrir par les indigènes, que ses galons et un titre usurpé (il se fait appeler capitaine) mettent à ses pieds. Tout refus amène un emprisonnement. Magnifique exemple d'administration pacifique d'une contrée!

L'existence est si difficile en ces villes marocaines ! Certains fonctionnaires — et des plus haut placés — ne sont-ils pas contraints, pour assurer le pain des leurs — les indemnités considérables qu'ils reçoivent ne leur suffisant pas — de « vivre sur le pays » ? C'est sans doute pour cette raison que plusieurs d'entre eux ont leurs appartements ornés de somptueux parterres de tapis, leurs murs chargés de tentures qui ont d'autant plus de valeur à leurs yeux que le prix d'achat en a été plus minime!

« Il n'est point de petits profits » : telle serait la réponse de ces grands seigneurs à une critique.

S'enrichir, par tous les moyens : chacun, au Maroc, n'a que cette pensée; elle hante le cerveau de ceux même que leur profession devrait le plus en préserver. Lorsqu'un chef militaire de notre connaissance — si l'on peut appeler chef militaire un intrigant revêtu d'un uniforme — vient visiter le principal de ses postes, ce n'est pas avec le capitaine chef du poste qu'il s'entretient le plus volontiers; mais il prend sous le bras un colon des environs qui lui sert d' « homme de paille », et, pendant des heures, on voit les deux associés arpenter, en discutant, le pré voisin.

Les titres officiels, loin d'être une garantie de vie modeste et réservée, sont souvent des poids jetés dans la balance des affaires. Situations en vue, képis très galonnés, sont d'excellents miroirs à succès. Devant ces manifestations de la puissance humaine, toutes les échines se courbent, toutes les volontés s'inclinent ; les choses mêmes semblent s'assouplir. Ne voit-on pas le chemin de fer de C... à M..., au lieu de courir sagement en droite ligne à travers la plaine, dessiner un immense crochet en montagne, à seule fin de longer les propriétés d'un politicien influent ?

Comment blâmer de tels abus, lorsque les plus grands donnent l'exemple ?

L'anecdote qui suit a pour héros un des « premiers rôles » du Protectorat, un homme auquel ses fonctions, son grade, son train de vie, confèrent une autorité incontestable. Des vaches appartenant à l'Administration du Protectorat ayant mis bas, ce personnage fait transporter les veaux dans un champ qui est aussi la propriété de l'Administration, mais dont les récoltes — pour un motif ignoré — lui reviennent. Pendant quelques mois, les veaux, nourris aux frais de l'Administration, engraissent. Lorsqu'ils sont « à point », notre proconsul cherche à les vendre. Aucun boucher ne lui en offre un prix assez élevé à son gré (exigence assez naturelle chez un homme qui n'est pas le légitime propriétaire) ! Aussi préfère-t-il écouler « sa » marchandise à la Direction de l'Agriculture. Le marché est passé à l'amiable, et les bêtes payées très cher, comme « produits sélectionnés ».

De tels actes vaudraient, en France, à leurs auteurs, la Cour d'assises ou le Conseil de guerre. Au Maroc, ils paraissent normaux. Le Maroc n'est-il pas une terre d'élection, où l'air a une merveilleuse vertu purificatrice ? On peut tout y commettre ; les crimes les plus insolents y revêtent un masque de bonhomie souriante, qui les rend presque aimables. De là, cette philosophie du « bon plaisir », qui règne au Maroc, et constitue la règle de conduite adoptée dans tous les milieux.

On n'y trouve point extraordinaire qu'un commandant de poste dépense vingt mille francs sur la caisse de l'Etat pour faire construire, démolir, reconstruire trois cents mètres plus loin un logement luxueux pour lui et son ordonnance, alors qu'il force son officier-adjoint à habiter une masure dont il lui interdit — pour économiser seize francs cinquante centimes — de faire cimenter le sol.

On n'y trouve point extraordinaire qu'un homme investi de hautes fonctions à la fois militaires et administratives, exerce sur les territoires soumis à son contrôle une autorité despotique, au point d'en défendre l'accès à des officiers ou à des civils français.

On raconte à ce sujet une anecdote amusante:

Deux ou trois voyageurs de marque, venus de France, s'étant présentés à ce grand personnage, manifestent le désir de visiter, à quelques kilomètres de la capitale de la province, la demeure d'un chef indigène dont ils ont entendu vanter la magnificence. Ils se heurtent, tant à l'Etat-Major qu'aux Services Régionaux, à une inertie complète. On cherche à les dissuader du voyage, en le leur présentant comme très dangereux. Ils insistent. Un jeune sous-lieutenant, nouvellement affecté dans la région, et non encore initié aux arcanes de la Maison, s'offre enfin, spontanément, à les accompagner. Ils arrivent à la demeure du notable, après de nombreux ennuis de route. L'officier fait annoncer les visiteurs, qui attendent devant le portail d'entrée. Quelques instants s'écoulent. L'officier réédite auprès d'un domestique sa demande d'introduction. Aucune réponse. Ces messieurs agitent le marteau du portail. Trois quarts d'heure durant, ils réitèrent leurs tentatives. A la fin, vitupérations et menaces restant vaines, ils se décident à reprendre, en maugréant, le chemin du retour.

On rit beaucoup, là-bas, de l'aventure.

Toutes les histoires de cette région ne sont pas aussi gaies. Témoin, l'assassinat de ce colon trop entreprenant, dont les projets d'expansion gênaient, sans doute, et qu'on trouva un matin égorgé chez lui; son argent demeurait intact dans son coffre, mais tous ses titres de propriété avaient disparu...

Le résultat de cette politique « hermétique », de cette politique appuyée sur les seuls grands chefs marocains, un officier nous le dépeignait un jour dans une émouvante esquisse : « Quand je traversais ces contrées, nous disait-il, les indigènes venaient à moi et poussaient des lamentations : « Pourquoi, vous, Français, ne nous « gouvernez-vous pas directement? Pourquoi

« nous placez-vous sous la férule de ces caïds
« qui nous dépouillent d'autant plus sauvage-
« ment qu'ils sont sûrs de l'impunité? Tout
« chrétiens que vous êtes, nous servirions vo-
« lontiers, et fidèlement, sous vos oriflammes.
« Mais, de grâce, délivrez-nous de la serre de
« ces vautours! »

La révolte que l'un attise par son gouvernement tyrannique, un autre la fait éclater chez lui
par son ambition démesurée. Averti par les rap-
ports d'un de ses officiers de renseignements —
officier aussi brillant que modeste — de la nais-
sance, dans la région, d'un mouvement qui peut
devenir dangereux, un « Kbir roumi » (1) —
carrière « de salons », à laquelle les succès des
armes sont totalement étrangers, — feint d'at-
tacher à la chose une minime importance. Il
espère que la rébellion empirera. La répression
ne va-t-elle pas lui fournir l'occasion tant dési-
rée de monter en grade? Apprenant, un jour,
le meurtre d'un capitaine attiré dans un guet-
apens avec sa troupe, il se décide à convenir que
l'affaire vaut la peine d'être prise en considéra-
tion. Il se rend à proximité de la zone insurgée;
mais là, il s'effraie de la gravité des événements.
Il prépare lentement une colonne, ou plutôt un
« groupe d'observation » qui, privé d'ordres,
sevré de nourriture (on le surnomma le « groupe
des cigognes », tant on y « claquait du bec »),

____

(1) « Chef chrétien ».

erra pendant trois semaines à l'aventure, en face des contrées soulevées, et finit par se disloquer lamentablement. Coût : des tués, des blessés, de l'argent dépensé inutilement, la tâche à recommencer dans trois mois, lorsque les dissidents, rentrés momentanément chez eux pour les moissons, reprendront leurs fusils et renouvelleront leurs incursions en zone soumise (1).

L'épilogue de cette histoire navrante ne manque pas de saveur : le Kbir roumi, voyant que ses espérances ont fait long feu, et craignant les responsabilités, songe à en faire retomber le poids sur celui de ses collaborateurs qui l'a, le premier, mis en garde. Il accuse — ô dérision! — cet officier modèle d'être indirectement la cause de la révolte. Il tente de recueillir de la bouche des camarades qui ont servi sous ses ordres des renseignements défavorables sur ses idées politiques et sur sa vie privée. Il n'a de cesse qu'il n'ait trouvé un prétexte pour le faire muter. Ce tendancieux espionnage est-il digne d'un chef?

Pareille hypocrisie jointe à pareille incompétence n'est malheureusement pas une exception. Un aide du Kbir roumi, son « alter ego », se précipite un jour chez lui — c'est vers la fin de 1918, pendant l'épidémie de grippe qui désole le Maroc comme la France — et lui dit :

---

(1) A l'heure où vont paraître ces lignes, nous apprenons que, dans les mêmes parages, une compagnie de tirailleurs, privée de renforts, vient d'être anéantie, et qu'une autre, cernée, se trouve en fâcheuse posture.

« Les médecins nous bernent en nous présentant l'épidémie comme moins terrible qu'elle n'est en réalité. Songez que, cette nuit, j'ai été réveillé cinq fois par la musique des enterrements arabes; ces gens-là meurent comme des mouches ; on ignore le chiffre des décès parce que les obsèques ont lieu la nuit. Il est temps que nous prenions des mesures pour enrayer le mal. » La musique d'enterrement qui avait si fort effrayé l' « alter ego » était une musique de mariage! Les musulmans n'enterrent pas en musique. Mais comment l'aide soupçonnerait-il ce détail, lui qui, chargé d'administrer la population indigène d'une vaste région, ignore le premier mot de la langue arabe et des coutumes marocaines? Cette ignorance proverbiale ne l'empêche pas de prétendre à l'avancement et de se confectionner, à l'issue des opérations d'une petite colonne mobile où il s'est montré particulièrement... à plaindre, une citation en vue d'obtenir la rosette de la Légion d'honneur, citation qui est, pour ceux qui connaissent l'homme, un véritable poème. A côté de cela, jaloux de ses subordonnés, il brise systématiquement l'avenir d'officiers auxquels il a fait les plus chaleureuses promesses, et omet de proposer pour une récompense son capitaine-adjoint, dont les titres méritent depuis longtemps cette distinction.

On comprend que les officiers et les soldats

qui, pendant les quatre années que dura la guerre mondiale, arrivèrent au Maroc après s'être distingués sur les fronts européens, aient été mal reçus par ces profiteurs. L'envoi au fond du bled, dans les postes les plus périlleux et les plus inconfortables : tel était le sort réservé aux blessés de France ou d'Orient, aux évadés d'Allemagne, à tous ceux qui, véritablement, avaient rempli leur devoir. Ainsi les autres, les « indispensables », pouvaient demeurer sur la côte, s'y consacrer à leurs occupations normales, gagner de l'argent et mener à leur aise une existence de plaisirs.

« Indispensables » : tel est le titre qu'arboraient ces excellents patriotes, heureux de cacher sous ce vocable flatteur leur monstrueux égoïsme.

Pendant que tant de bons Français, ruinés par la guerre, affrontaient, dans les régions de Taza, du Tadla et de Bou-Denib, des périls journaliers, aggravés par l'inclémence du climat, le coucher sur la dure, la nourriture insuffisante ou détestable, on voyait dans les villes océanes une foule de militaires pommadés, sanglés, qui n'étaient autres que certains habitants de ces aimables cités, « mobilisés sur place » pour les besoins économiques du pays. Ils avaient le double avantage de ne pas abandonner leurs intérêts — témoin cet agent d'une administration civile qui, mobilisé comme officier d'administration de 2ᵉ classe, put régler des affaires de terrain dans lesquelles il se trouvait à la fois juge et partie —, et d'obtenir souvent plus d'avantages militaires que leurs camarades du bled : témoin ce rédacteur d'un service public qui, mobilisé en sa qualité de lieutenant de réserve, fut promu capitaine et chevalier de la Légion d'honneur sans avoir jamais quitté son propre bureau. A beaucoup même fut épargnée l'hypocrisie de l'uniforme. Indiquons en passant : un commis aux services municipaux de R... (classe 1908); un commis au service des colis postaux, à R... (classe 1909) ; un comptable du service de la Santé maritime, à C... (classe 1910)... La liste serait trop longue de ces hommes jeunes et vigoureux que l'on put, de 1914 à 1918, croiser sur le pavé des villes atlantiques, et dont la truculence satisfaite insultait aux infirmités des combattants revenus des champs de bataille marocains et européens. Si ces privilégiés avaient eu le bon esprit de se taire, et de tâcher, par leur modestie, d'atténuer le scandale de leur présence ! Mais ils affectaient des allures fanfaronnes, une gaîté tapageuse : en avril 1918, au moment de la ruée allemande sur Paris, alors que nous pouvions craindre l'irrémédiable défaite, ne voyait-on pas, à Casablanca et à Rabat, les cafés regorger de consommateurs devisant, le cœur léger, au son des violons ?

Ce n'était pas, dira-t-on, l'élite de la population marocaine. Sans doute. Mais pourquoi ces gens-là ont-ils été précisément les plus favorisés? Pourquoi a-t-on vu réformer un homme de trente ans, robuste, courant toujours en automobile ou à cheval pour ses « affaires »? Pourquoi a-t-on vu mettre en sursis d'appel un ex-condamné de droit commun, ex-soldat de bataillon d'Afrique, soigneusement maintenu dans la vie civile pour lui permettre de vendre à nos soldats de la viande de brebis — prohibée — et de la viande de bœuf avariée?

Il faut, aux colonies, être indulgent envers les gens tarés, qui sont les meilleurs pionniers de la civilisation. Telle est sans doute la pensée dés dirigeants, qu'un haut fonctionnaire militaire traduisait en nous disant un jour : « On ne colonise pas avec des honnêtes femmes, mais avec des ribaudes. » De là, cette « indulgence » générale qui règne au Maroc dans le domaine des mœurs. De là cette considérable influence de la femme, en particulier de la femme facile, que l'on trouve naturel de laisser s'immiscer dans des affaires qui ne la regardent point. Nous citerons pour mémoire l'exemple de cette importante contrée qui est gouvernée par une femme. Madame... — nous dirions, en France, Madame la sous-préfète — n'admet pas qu'un officier qui arrive dans la région ne lui rende pas immédiatement visite; elle fait pour cette raison morigéner par son mari un officier d'un courage émérite, véritable héros de la grande guerre, blessé à la jambe, à la poitrine et au cou, montant néanmoins à cheval tous les jours et menant son unité d'une façon admirable. Un officier s'installe-t-il au chef-lieu avec sa femme? il faut que la nouvelle venue vienne présenter sans retard ses respects à Madame la sous-préfète; on invite le ménage au thé, au bridge; la jeune femme plaît-elle? les invitations se répètent, impérieuses; cesse-t-elle de plaire? on expédie l'officier dans le bled, en un poste où souvent sa femme ne peut le suivre... et tout est dit.

Dans le noir tableau des mœurs marocaines, la femme même ne vient pas jeter son rayon.

Militaires ou civils, on rencontre au Maroc trop de gens exclusivement préoccupés de satisfaire leurs passions. Les cœurs, là-bas, semblent durcis au soleil, comme le sol. Point de nobles élans, point de sentiments généreux. Chacun ne songe qu'à s'assurer le maximum de bien-être, serait-ce en foulant aux pieds les droits du voisin. On redoute les gens de bien, dont le contact causerait un fâcheux contraste et constituerait un vivant reproche. Plus que partout ailleurs, on souhaite la mort de ceux dont la situation vous porte ombrage. Il est d'une vérité bien marocaine, ce mot qu'un journaliste adressait un jour à un colonel suivant le char funèbre d'un camarade qui était, une semaine auparavant, son rival d'avancement : « Le cadavre d'un ennemi ne sent jamais mauvais »!

L'ennemi, au Maroc, c'est l'ennemi privé, c'est l'homme qui entrave vos combinaisons d'affaires. Trop d'habitants du Maroc mettent le Maroc — c'est-à-dire leurs intérêts dans le pays — au-dessus de tout, même de la France. Qu'importe le sort de la France, qu'importent les deuils de tant de familles françaises. à ces gens à qui la guerre a apporté un surcroît de prospérité?

Quelqu'un eut un jour l'audace de s'exprimer ainsi sur la tombe d'un pauvre fou, décédé à R... à l'âge de trente et quelques années : « Ce n'est pas assez que la Mort fauche notre jeunesse sur les champs de bataille. Elle exige de nous des sacrifices plus cruels encore. Elle enlève ici, en pleine force, notre brave camarade..... Adieu, cher ami, ravi trop tôt, de la façon la plus tragique, à notre affection!... » L'objet de cet éloge était un lugubre sire, un alcoolique vivant d'expédients, et dont la fin lamentable — il expira dans une attaque de delirium tremens — fut le digne couronnement de son existence!...

Nous ne commenterons pas ces paroles. Nous n'insisterons pas sur le parallèle établi entre les héros tombés pour la défense de la patrie et un misérable jouisseur.

Ce parallèle n'a-t-il pas la valeur d'un symbole?

CONCLUSION

Nous voici loin de ce Maroc idéal, de cette terre promise dont nous étions accoutumés jusqu'ici à entendre vanter les beautés.

Pour des raisons qui ont été exposées au début de ce livre, le Maroc nous est présenté à l'ordinaire comme un pays d'élection, un jardin merveilleux semblable à ceux que l'on décrit dans les contes orientaux, ou que l'on crée de toutes pièces sur les scènes d'Opéra-Comique.

Si nous voulions, pour caractériser le Maroc actuel, choisir un décor, il semble que ce devrait être non pas un parc enchanté, habité par d'aimables génies, mais une caverne de brigands, hantée de spectres sinistres.

Le Maroc, vu de près, évoque le souvenir de ces malheureuses colonies romaines de la fin de la République, que des Verrès impudents pillaient sans merci.

Les Verrès marocains ne manqueront pas de trouver très osée notre critique.

Mais, outre que la critique, en politique coloniale comme au théâtre,

« est un droit qu'à la porte on achète en entrant »
en ce qui concerne le Maroc, elle est un droit
particulièrement indiscutable, nous dirons plus :
un devoir.

Le Maroc coûte annuellement à la France des
millions de francs, des milliers de vies humaines:
n'est-il pas naturel que les Français s'inquiètent
de ce qui s'y fait de bien et de mal?

La part de bien revient presque exclusivement
au général Lyautey, qui a su, dès sa nomination
comme Résident Général en 1912, apercevoir
quelle devait être l'action de la France dans ce
pays neuf : conquête du sol par l'épée et par
la charrue; conquête, grâce à la diffusion de la
culture intellectuelle, des esprits et des cœurs.
Le général Lyautey a fait plus que poser les principes : il a ébauché l'œuvre, il a tracé un plan
qui, fidèlement suivi, devait faire rapidement du
Maroc un pays de civilisation vraiment française.

Malheureusement, le général Lyautey, fatigué
par l'effort considérable qu'il a fourni au cours
de sa glorieuse carrière, n'est plus actuellement
gouverneur du Maroc que de nom. En réalité,
l'autorité est aux mains d'une « Camarilla » qui
le chambre, lui expose les affaires à sa façon,
recueille sa signature et interdit sa porte aux
gens qu'elle a intérêt à ce que le général n'en-
tende pas. Le Général s'aperçoit-il de cet état de
choses? Non, sans doute. Du reste, il aime trop

« son cher Maroc » pour paraître s'en apercevoir.

Le résultat est regrettable. Cette « Camarilla », réunion d'hommes d'affaires du genre de ceux dont nous avons suivi les agissements, arbore toujours les bannières flamboyantes de « civilisation », d' « expansion française », de « progrès ». Mais cette rhétorique, dont on farcit les programmes d'exposition et les discours de cérémonies officielles, est ce qu'on nomme dans le jargon moderne du « bluff ». Ces gens-là ont besoin de beaucoup de réclame pour fixer sur le Maroc l'attention étonnée de l'Europe; derrière la façade séduisante qu'ils sont jaloux de garder debout, ils se trouvent à l'abri pour commettre leurs exactions.

C'est ce qui explique le succès de cette bande de forbans que l'on rencontre partout au Maroc, sous l'apparence de colons, de chefs d'exploitation, parfois de fonctionnaires, et qui, tranquillement, sous le couvert de la réputation sans tache du général Lyautey, mettent à sac le pays.

La guerre de 1914-1918 semblait fournir une excellente occasion de vider le Maroc de cette lie. Sans doute y a-t-il eu à la conserver une raison de haute politique.

Quoi qu'il en soit, il est inadmissible qu'aujourd'hui ces gens sans patrie et sans aveu, dont la fortune a prospéré pendant que tant de Français honnêtes exposaient leur vie et perdaient leurs biens, continuent à barrer l'accès du Maroc aux honnêtes Français qui veulent s'y établir.

Il est indispensable que les honnêtes gens se coalisent pour défendre contre ceux qui ne le sont pas leurs intérêts.

Nous réclamons pour le Maroc une « politique française » : une politique qui proscrive le mal au lieu de lui accorder droit de souveraineté, qui amène à nous les indigènes en forçant, par le spectacle de nos vertus, leur admiration.

N'oublions pas que le Maroc était une des premières proies que convoitait l'Allemagne. Si la victoire de la France et de ses alliés sur les hordes germaniques a consacré le triomphe à travers le monde des principes éternels de justice et de droit, que le Maroc ne soit pas le dernier à ressentir les bienfaits d'une aussi belle victoire!

Il est temps qu'il se mette à l'unisson des pays civilisés.

Qu'il devienne, en un mot, non pas une contrée en marge de la France, mais une « plus grande France ».

TABLE DES MATIÈRES